AF392972

6 decembre 1866.

VENTE DU JEUDI 6 DÉCEMBRE 1866

COLLECTION D'UN AMATEUR

TABLEAUX ANCIENS

Exposition publique : Le Mercredi 5 Décembre 1866.

EXEMPLAIRE DE PRIX

Mᵉ CH. PILLET	M. DHIOS
COMMISSAIRE-PRISEUR.	EXPERT.

RENOU & MAULDE

IMPRIMEURS DE LA COMPAGNIE DES COMMISSAIRES-PRISEURS

Rue de Rivoli, 44.

CATALOGUE

DE

60 TABLEAUX ANCIENS

PROVENANT DE LA

Collection d'un Amateur,

DONT LA VENTE AUX ENCHÈRES PUBLIQUES AURA LIEU

HOTEL DROUOT

SALLE N° 7

LE JEUDI 6 DÉCEMBRE 1866

A DEUX HEURES

Par le ministère de Mᵉ **CHARLES PILLET**, Cmmʳᵉ-Priseur,
rue de Choiseul, 11,
Assisté de **M. DHIOS**, Expert, rue Le Peletier, 33,
Chez lesquels se distribue le présent Catalogue.

EXPOSITION PUBLIQUE

Le Mercredi 5 Décembre 1866, de 1 heure à 5 heures

PARIS

RENOU & MAULDE
IMPRIMEURS DE LA COMPAGNIE DES COMMISSAIRES-PRISEURS
Rue de Rivoli, 144.

1866

CONDITIONS DE LA VENTE

———

Elle sera faite au comptant.

Les Acquéreurs paieront CINQ CENTIMES par franc, en sus du prix d'adjudication.

L'Exposition mettant les Acquéreurs à même de se rendre compte de l'état des Tableaux, il ne sera reçu aucune réclamation après l'adjudication prononcée.

DÉSIGNATION

DES

TABLEAUX

BERRÉ.

1 — Paysage et animaux.

BERRÉ, d'après Paul POTTER.

2 — Animaux au pâturage.

BERTIN, 1805.

3 — Grand Paysage historique : sur le premier plan, une rivière sur laquelle on voit une barque avec personnages.

BOUCHER (Attribué à).

4—7 — Les quatre Saisons représentées par de figures d'enfants.

Quatre pendants.

BREEMBERG.

8 — Paysage; animaux à l'abreuvoir.

BRUANDET.

9 — Paysage : entrée d'un bois.

10 — Paysage : terrains accidentés.

BREUGHEL (de VELOURS).

11 — Halte de villageois au milieu d'une route.

12 — Le Départ pour le marché.

Deux pendants.

CANOT.

13 — Le Café. Charmante scène d'intérieur du temps de Louis XV, peinte dans le goût de Chardin.

CHARPENTIER.

14 — Intérieur rustique.

COYPEL (CHARLES).

15 — Sujet d'histoire.

DAEL (Attribué à Van)

16 — Fruits et Fleurs.

DE MARNE.

17 — Le Sommeil du berger.

DESPORTES. Signé 1711.

18 — Chien gardant du gibier.

Attachés à un tronc d'arbre, on voit un lièvre et une perdrix ; à terre, un carnet de chasse, une poudrière et un fusil.

EISEN.

19 — La Main-Chaude.

FINART (1850).

20 — Femmes orientales à cheval.

21 — Deux Amazones.

GILLOT.

22 — La Comédie italienne.

Gracieuse composition de huit figures.

HONDEKOETER.

23 — Combat de coqs.

HOOGHE (École de Pierre de)

24 — Intérieur hollandais; scène de famille.

KABEL (Van der).

25 — Port de mer italien.

LAGRENÉE.

26 — L'Enlèvement d'Europe.

27 — La Mort de Tancrède.

    Deux dessus de portes faisant pendants.

LANCRET.

28 — Sujet tiré d'un conte de La Fontaine; scène d'intérieur.

29 — Baigneuses.

LECLERC DES GOBELINS.

30 — La Marchande de plaisirs.

LECLERC DES GOBELINS.

31 — Le Repos champêtre.

32 — Baigneuses.

Deux tableaux décoratifs formant pendant.

LE PRINCE (J.-B.).

33 — Paysage boisé : groupe de villageois au pied d'un arbre.

MARTIN.

34 — Combat de cavalerie.

MALLEBRANCHE.

35 — Effet d'hiver.

MOOR (Carle de).

36 — La Ravaudeuse.

OUDRY.

37 — Chien en arrêt devant des perdreaux.

OUDRY (Attribué à).

38 — Chiens de chasse, Lièvre et Bécasse.

39 — Chien de chasse et Gibier mort.

Deux pendants.

PALAMÈDES.

40 — La Partie de trictrac.

POELEMBURG (Signé 1630).

41 — Le Jugement de Pâris.

POELEMBURG.

42 — Paysage : Baigneuses auprès d'un château en ruines.

POUSSIN (GUASPRE).

43 — Paysage historique orné de figures.

RAOUX.

44 — La Grappe de raisin. Scène familière.

ROBERT-LEFÈVRE (1808).

45 — Portrait de Femme.

Une jeune femme, vêtue d'une robe de mousseline blanche et les bras nus, est représentée assise près de deux arbres, dans un paysage. Cette jeune femme, très-probablement une artiste ou une princesse du temps, tient à la main un album fermé et un crayon à dessiner.

Toile. — H. 1 m. 98 c. L. 1 m. 34 c.

RUYSDAEL (SALOMON).

46 — Vue de Hollande.

A. P. SAINT-MARTIN (1810).

47 — Paysage historique, avec baigneuses.

48 — Paysage historique, avec promeneurs.

Deux pendants.

STELLA (JACQUES).

49 — Fête de Bacchus.

STOIFFER (Jos.).

50 — Paysage, avec bergers traversant un gué.

51 — Paysage, avec bergers conduisant leur troupeau.

Deux pendants.

STRY (VAN).

52 — Animaux et Bergers au bord de l'eau.

TÉNIERS (Attribué à DAVID).

53 — Conversation de villageois.

TERBURG (Manière de).

54 — Dame et Cavalier. Scène d'intérieur.

VERBOECKHOVEN (L.-E.).

55 — Animaux dans un pâturage.

Sur le devant, une vache couchée, trois brebis
et un âne debout; à gauche, une bergère; dans
le fond, un moulin à vent.

WATTEAU (Attribué à).

56 — La Comédie italienne. Charmante composition.

WATTEAU (École de).

57 — Réunion dans un parc.

WITT (E. de).

58 — Intérieur d'un temple.

ZEEMAN.

59 — Port de mer.

ÉCOLE HOLLANDAISE.

60 — Patineurs.

RENOU et MAULDE, imprimeurs de la Compagnie des Commissaires-Priseurs,
rue de Rivoli, 144.   37095